Sonette

Ein Lebenskreis

Rita Keller

Sonette

Ein Lebenskreis

Edition Zaubergarten

Edition Zaubergarten

Herstellung und Verlag
BOD
Books on Demand
D-22848 Norderstedt

9 783842 350588

Preis 6,00 €

Danke

Ganz herzlich möchte ich mich bei Herrn **Knut Ismer** für seine unermüdliche Hilfe, Korrektur und Lektorat bedanken. Seiner ermutigenden Motivation ist es zu verdanken, dass ich mich überhaupt ans Sonett schreiben gewagt habe.
Wenn dem (der) werten Leser (Leserin) dieses Büchlein gefällt, so ist es nicht weniger auch sein Verdienst.

Musenkuss

Ich wünsch mir einen ganz besond'ren Kuss,
der jede Faser meines Seins berührt,
in nie geahnte Dimensionen führt,
wo die Gedanken finden ihren Fluss.

Die Muse, die ein Dichter lieben muss,
die Federkiel und Tinte in sich spürt
und den Gedankentraum in mir verführt
zu Gott, der Welt, zur Liebe ohne Schluss.

Sie darf mich doch nicht einfach so vergessen,
denn schließlich hab ich ihr doch nichts getan.
Ach Muse, küss mich, schau, ich fleh dich an.

Papier und Feder sind darauf versessen,
dass keine Silbe unnütz wird vertan -
und fließt das Wort, dann hab ich Freude dran.

Lebensrose

Die letzte Rose, schönste Anmut zeigend,
im Lebensgarten alter Ehepaare,
gereifter Nektar vieler Blumenjahre,
im Tropfen letzten Tau's Bewusstsein bleibend.

Gelebtes Glück, sich nun dem Abend neigend,
erfühlt noch einmal all das Wunderbare.
Erinn'rung zart, gewagt die Jugendjahre,
die Lebensrose, sich nun Gott zuweisend.

Wie Morgentau zum Abend hin vergeht,
so geht auch einst des Menschen Angesicht
den Weg, den alle Wesen geh'n, zum Licht.

Ein Lebenskreislauf niemals stille steht,
gleich, ob es Mensch, ob Tier, ob Blume, Stein;
gelebte Liebe strahlt im Glorienschein.

Poesie

Sie ist betörend, sanft und zauberhaft,
beflügelt meinen Sinn, schenkt Harmonie
und schafft auf milde Weise Energie;
mit ihr erwächst mir aus der Ruhe Kraft.

Wenn sie mich anrührt, zart und engelhaft,
erklingt in mir die schönste Symphonie,
doch manchmal auch ein Teil Melancholie,
mit einem Wort, sie ist so fabelhaft.

Nun merkt man sicher wen ich hier beschreibe,
in wessen Bannkreis ich so gern verbleibe,
es ist die wunderschöne Poesie.

Wer sich ihr hingibt, dem ist sie gewogen,
sie hat noch nie ein Dichterherz betrogen,
von Glück und Sehnsucht klingt die Melodie.

Poetisches Frühlingserwachen

Wenn neues Sehnen meinen Sinn verführt,
der Himmel wolkenlos sich wieder blaut,
das Menschenauge frische Blumen schaut,
hat Frühlingsklingen zart mein Herz berührt.

Der Winter hat die Zeit so kalt geführt,
nur Frösteln glitt mir über meine Haut;
vor Regen, Schnee es mir nun langsam graut,
der Sonne Strahl hab lang ich nicht gespürt.

Wenn Vögel morgens zwitschernd Lieder singen,
wenn Kinder lachen, tanzend Seilchen springen,
wird unsre Sonne zum Gesundheitsbogen.

Poeten lassen ihre Feder schwingen,
ihr musisch' Wort soll uns poetisch klingen;
der Dichter schreibt von Frühling, Wind und Wogen.

Die Träne
(englisches Sonett)

Sie ist so winzig klein und unscheinbar,
ihr folgen viele, fein und zart wie sie,
in großer Zahl wird sie zum Meer sogar,
so lang es Menschen gibt, vergeht sie nie.

So wie der Ozean schmeckt sie nach Salz,
aus Menschenaug' ist sie im Schmerz geboren
und steigt empor aus Tiefen ihres Grals;
in ihnen hat sich jeder schon verloren.

So klar und rein ist ihr Erscheinungsbild,
doch Schwermut ist der Grund, durch den sie fließt,
wohl dem, den davor schützt ein harter Schild
und der sich den Gefühlen streng verschließt.

Mein Wunsch ans Leben ist so groß wie klein:
Du Träne, sei die letzte, die ich wein'!

Wunsch

Ich wünsche mir die Nacht in meinen Tag;
mein Auge will die Trübnis gar nicht sehn,
ich mag auch nicht im Stimmungsregen stehn;
das nebelfeuchte Wetter ich beklag.

Ach könnte ich doch träumen wie ich mag,
durch hellen lichtgesäumten Garten gehn
und mich im Taumel eines Tanzes drehn,
was off'nen Aug's ich nicht zu hoffen wag.

So einen Traum, den träumt ich mir zurecht,
kein trister Tag erniedrigt' mich zum Knecht;
die Stille wär erfüllt vom Duft der Rosen.

Doch geht die Nacht, wenn sich der Tag anzeigt
und Pflicht uns ruft, auf dass man sich ihr neigt,
fragt nicht, ob's regnet, schneit, und Winde tosen.

Unsicherheit

Die Nacht singt ihren Ton in Dunkelgrau.
Die Seele weint; warum, das weiß ich nicht.
Das Herz beengt, bedrückt, der Schlaf kommt nicht.
Gehetztes Sein, im Magen wird mir flau.

Bin machtlos gegen inn're Alptraumschau.
Die Müdigkeit schreit mir aus dem Gesicht.
Das Ruhekissen fehlt, ich üb' Verzicht.
Es naht ein Tag mit neuem Himmelsblau.

So wischt der Tag die Tränen schwerer Nacht,
erwarte ich, was er mir mitgebracht,
doch schwer und müde schleppt sich jeder Schritt.

Mit uns, um uns, scheint seltsam eine Macht,
Bewusstseinswandel, der nicht sicher macht:
wird's gut, wird's schlecht - wir müssen immer mit!

Freud und Leid

Das Erdenleben bringt stets Freud und Leid.
Die Freude ist willkommen, schenkt uns Kraft,
und viele Tränen jedes Leid uns schafft.
Im Wechselspiel verliert sich jede Zeit.

Auch Liebe schenkt nicht nur die Seligkeit,
sehr schmerzhaft ist oft große Leidenschaft
für den, der lebt, zu streng und tugendhaft.
Die Jugend wird zu schnell Vergangenheit.

So frag ich denn, ist die Moral stets Pflicht?
Bedeutet junge Liebe nur Verzicht?
Weiß niemand denn, wie schnell die Zeit vergeht?

Das Alter legt dir Falten ins Gesicht,
und deine Knochen plagen bald die Gicht,
die Liebesfreuden sind vom Wind verweht.

Graugedanken

Die Tage, nass und kalt, der Himmel grau,
kein Sonnenstrahl, nur Regen stets regiert.
Die Welt wirkt nicht mehr freundlich, wenn sie friert;
das Lächeln stirbt, die Stimmung ist mir flau.

Ins warme Kerzenlicht ich gerne schau,
damit Tristesse des Tages sich verliert,
dass nicht die Seele sich im Grau verirrt
und Weihrauch schützt in Nächten, die so rau.

So lab ich mich an Licht und Sterngefunkel,
an Kuschelwärme in dem langen Dunkel,
an Zärtlichkeit und an Geborgenheit.

Mir scheint, dass nun das alte Jahr schon krankt,
was es auch brachte, nichts ward ihm gedankt.
 des Jahres Trübnis, graue Dunkelheit.

Melancholie
(englisches Sonett)

Wie bittersüß empfindet meine Seele,
hast du, Melancholie, mich angerührt;
in unerfüllte Wünsche ich mich stehle,
dass mich die Sehnsuchtsträne leicht verführt.

Gefang'nes Herz, es ruht in Schmerzes Blut,
doch sing ich gern die Schicksalsmelodie,
die tiefen Klänge sind so warm und gut;
Glück ohne Harm und Leiden gab es nie.

Wie gut ist Streicheln unerfüllter Träume,
das Sehnen drückt oft schwerer als ein Stein,
in Vielzahl, wie die Äste alter Bäume,
Gedanken greifen in den Himmel ein.

Genüsslich leck' ich selber meine Wunden;
so tut es wohl, fühl mich nicht mehr geschunden.

Altersschmerz

Ein neuer Tag bringt mir stets neue Sorgen
und Prüfungen voll Kummer, Schmerz und Leid;
im Tränenland verbring ich meine Zeit,
dem Freudenlicht folgt neue Pein am Morgen.

Mein Weg ist gramgebeugt anstatt geborgen,
mein Lächeln ist versteckte Einsamkeit;
das Friedenslicht erscheint mir endlos weit,
kann meine Lieben nicht mehr treu umsorgen.

Wo alterschwach die Kraft im Kampf gebricht
und Rückblick nur geprägt ist von Verzicht,
da naht sich mir des Todesengels Hand.

Doch will ich jetzt die letzte Reise nicht,
auch wenn mein Herz vor Kummer fast zerbricht;
noch schweißt ein Funke Hoffnung ird'nes Band.

Gefangen in der Depression

Wenn auf der Brust ein schwerer Mühlstein liegt,
der Atem nur beklemmt und stockend fließt,
vom Himmel hoch nur Sorg und Trübsal gießt,
hat dunkle Stimmung unser Sein bekriegt.

Die ungeweinte Träne zu schwer wiegt,
die Freiheit sich mir allzu fest verschließt;
wo tröstend Wort den Mund zu fest verschließt,
lacht nur der Dämon, denn er hat gesiegt.

Es fliegt uns an, wenn ahnungslos wir sind,
sogar, wenn wir noch froh sind wie ein Kind;
des Teufels Gift kann man sich kaum erwehren.

Hinfort mit dir, du stinkend Schwefelduft,
hinab zur Hölle, hör, wie man dich ruft,
ich wünsch' für meine Seele lichte Lehren!

Wetterwandel

Es regnet, regnet täglich jede Stunde,
vorbei, so kurz war nur die warme Zeit;
der Sommer ist jetzt schon Vergangenheit
und miese Stimmung klingt aus aller Munde.

Es war einmal, davon erzählt die Kunde,
der Sommer, uns're schönste Jahreszeit
mit Sonnenschein, wohl über Länder weit.
Im hellen Licht heilt manche Seelenwunde.

Die Welt hat sich gewandelt offenbar,
es ist nicht mehr, wie früher es mal war;
doch Hoffnung nährt mich, es wird alles gut.

Vielleicht wird neu ein Paradies sogar,
mit Blumen, Sonnenschein, so hell und klar,
denn Seelenwärme tut uns allen gut.

Auf Wanderschaft

Mit frohem Mut und Schritten wie im Sprung,
den Ranzen auf dem Rücken durch das Land.
In Wald und Flur ist viel mir unbekannt,
so wandre ich; im Traum bin ich noch jung.

Aus meinem Inn'ren, voll Begeisterung,
seh' ich die Wiesen und die Felsenwand.
Auf Pfaden gehen, die ich nie gekannt,
im Herzen Frieden, hält das Herz in Schwung.

Wo darf ich sein, so wie ich wirklich bin?
Die Sorgen ziehen mit dem Wind dahin,
geh unbehindert über Stock und Stein.

Es ist mein Traum, es ist imaginär,
denn wo bekäme ich den Trost sonst her,
dass ich nicht einsam bin? Bin doch allein!

Ich oder Du

Im Allgemeinen schmerzt die Ignoranz,
ob willentlich, vielleicht auch unbewusst.
Du schaffst ein Werk, kreierst mit Freud und Lust,
und zeigst es stolz und hoffst auf Resonanz.

Doch viele seh'n und übergeh'n es ganz.
Trifft es sie selbst, befällt sie arg der Frust,
denn niemand spürt den Schmerz in and'rer Brust.
Für eig'nes Werk erwünscht man Akzeptanz.

So wie es ist, so wars schon allezeit,
ein liebes Wort gesagt in Ehrlichkeit,
ist Heil und Ziel, sonst wird die Seele krank.

Erhoffst du Lob, sei gebend auch bereit,
dann funktioniert auch die Gemeinsamkeit,
befreit von Trübsal sind wir frei und frank.

Nachtablösung

Noch deckt uns dicke Traumes Decke zu,
doch bald steigt schon am Horizont der Tag.
Bringt er uns Freudengold statt graue Klag?
Wir hoffen auf ein Leuchten immerzu.

Wie angenehm ist doch die frühe Ruh
und Vogelstimmen ich gern hören mag,
ein lieber Klang, er mildert mir die Plag
und frische Morgenluft gehört dazu.

Im Wohlgefühl sieht man den Tag erwachen,
die Stille ist gedacht zum Pläne machen
mit Hoffnung, dass der Tag der Schönste sei.

Und ziert den Mund ein angenehmes Lachen,
das kann in uns nur Freundlichkeit entfachen,
doch schöne Stunden geh'n so schnell vorbei.

Schlaflos

Die Nacht drückt mich gedankenschwer ins Kissen,
des Schlafs beraubt, wälz ich mich hin und her.
Der Morgen naht, ich find die Ruh nicht mehr;
auf viele Fragen fehlt das rechte Wissen.

Einst tat ich sicher meine Fahnen hissen,
der Liebe Kraft war stärker als ein Heer.
Wo ist sie hin? In mir ist alles leer
und Angst lässt Gottes Segen mich vermissen.

So rastlos ist mein Geist, ich denke wirr.
Verlor'nes Wissen. Bin als Mensch nur hier.
Erholsam schlafen kann ich lang nicht mehr.

Fühl mich verlassen, beihnah manchmal irr,
nur eine Stunde Schlaf wär mein Begier;
ist Ruhe finden so unsagbar schwer?

Carpe Diem

Wenn dunkle Nacht der Morgenstunde weicht
und wir uns schläfrig noch die Augen wischen,
wenn Kaffee duftet auf den Frühstückstischen,
dann hat der Tag sein Werdeziel erreicht.

Der schönste Traum nun im „Vorbei" erbleicht,
denn Lebenstakt beginnt uns zu erfrischen
und Tatendrang wächst aus Gedankennischen,
der Tagesplan bringt uns Erfolg, vielleicht.

Ist mal ein Tag auch ohne Sonnenschein,
so leb bewusst, es könnt der letzte sein;
ein Lächeln krönt dein Antlitz ohne Frag.

Ein solcher Tag bringt stets Zufriedenheit,
wenn deines Nächsten Sympathie nicht weit;
drum Carpe Diem - nutze deinen Tag!

Alte und schwache Beine

Noch immer wohlgeformt und schön die Beine,
die glatte Haut, die Waden gut trainiert;
das ist nur Lüge, hart und ungeniert,
denn kraftlos sind sie, das ist das Gemeine.

Wie schön war damals Wandern im Vereine,
wie weit die Waldeslust auch hat geführt,
bevor des Alters Schwäche mich berührt;
kann nicht mehr schreiten über Stock und Steine.

Das Leben bringt Erfahrung und Bewährung,
den Freiheitsdrang, ihn zügelt die Belehrung,
wenn's nicht mehr geht, muss man in Stille ruh'n.

Doch träumen darf ich noch von Berg und Tal,
mit Kraft zum Steh'n und Gehen noch einmal;
dann hält mich nichts, dann darf ich alles tun.

Schicksalsfluss

Es scheint wie Rückzug in den Mutterschoß,
wenn die Natur in tiefer Erde ruht,
geschützt vor Kälte, Frost und Winterwut;
die nackte Landschaft wirkt so gnadenlos.

Der Nebelschleier trägt das Zukunftslos,
die langen Nächte bergen Angst und Mut;
im dunklen Kern fließt schon das frische Blut,
ein neues Werden macht die Hoffnung groß.

Im tief Verborg'nen keimt das neue Leben,
wo Nornen schon für uns die Fäden weben,
der Weise sieht die Schatten in der Nacht.

Sind Nächte lang und kurz die letzten Tage:
Halt ein, stell dem Orakel deine Frage,
es hat dir eine Botschaft mitgebracht!

Durchbruch

Noch zugedeckt sind Felder, Weg und Auen,
das weiße Tuch des Schnees Stillebild;
doch in der Erde Schoß, da keimt's es mild,
die Frühlingsblüher warten schon aufs Tauen.

Oh, welches Wunder können wir heut schauen?
Narzissen brechen durch den weißen Schild;
vor Freude schlägt das Herz nun schnell, gar wild.
Nun können wir auf Frühlingsboten bauen.

Es ist vorbei mit frostigen Gedanken,
vermehrt kann man nun helles Tag'licht tanken
und wärmer wird uns dann das Herz dabei.

Ein Aufbruch ist's, durchdringen wir die Schranken,
dem Jahreskreislauf haben wir zu danken,
drei Monate, dann ist es wieder Mai.

Kirschblüten

Geborgen noch im Schoß vom Mutterbaum,
begierig, schon ans Licht der Welt zu dringen;
oh Mensch sei still, dann hörst du sie schon singen;
noch sieht man nichts, sie halten sich im Zaum.

Wenn Himmel blaut und Sonne wärmt den Saum,
woll'n sie als Knospen sich dem Licht darbringen
und wecken sanft in uns ein Frühlingsklingen;
die Kirschenblüten, noch sind sie ein Traum.

So herrlich ist die lichte Blütenpracht,
die sich entfaltet wie nach dunkler Nacht
und tilgt in uns die trübe Winterträne.

In uns die Zartgefühle neu pulsieren,
zu neuen Lebensfreuden animieren;
das ist's, warum ich mich nach Frühling sehne.

Schönste Jahreszeit

Hübsch gelb gefärbt, so naht die Frühjahrszeit.
Narzissen malen uns die Erde bunt.
Das freut den Menschen und es lacht der Mund
vergessen ist das kalte Winterkleid.

Zum Seelestreicheln macht sich schon bereit
des Frühlings sanfte Wärme grad zur Stund;
der Wand'rer singt ein Lied in froher Rund;
dem Vogel scheint der Nestbau Dringlichkeit.

Die schönste Zeit, die, ach, so heiß begehrte,
der Lebensausbruch, winterlang verwehrte,
bringt in uns spürbar neue Kraft zum Fließen.

So ist's denn wohl die schönste Zeit von allen,
wir lassen Kummer, Leid und Frust abfallen;
nichts kann ein fröhlich' Frühlingsherz verdrießen.

Gefühl unterm Kirschbaum

Hier unter voll erblühtem Kirschenbaum
auf einem Teppich von so zartem Weiß.
Mein Mund wird still, die Schritte werden leis
und in mir lebt ein märchenhafter Traum.

Ich bin geborgen an des Baumes Saum,
der Frische Atem bringt mir den Beweis,
erwachen will ich in dem neuen Kreis,
die Liebe neu erleben, ist mein Traum.

Den Feen gleich fühl ich das inn're Glück,
ich denk an schöne Stunden gern zurück,
erleb' sie noch einmal so wunderbar.

Wie arm, wer diesem Anblick sich verschließt,
wer Blütenweiß mit Seelenblindheit gießt,
nur einmal blüht der Kirschbaum jedes Jahr!

Kühles Zwischenspiel

Ein neuer Sommermorgen, frische Luft,
nach atemschweren, schweißgeplagten Tagen;
der milde kühle Wind bringt Wohlbehagen,
von Ferne her das Vöglein fröhlich ruft.

In diesem Sommer ist der Mumm verpufft,
die Hitze ist als schwere Last zu tragen;
es ist ein stetig Ächzen und Beklagen
und selbst der Wald spart schon mit frischem Duft.

Die Sommerzeit, von vielen so begehrt,
die Wärme, die der Winter lang verwehrt,
wird unbequem, wenn man vor Hitze stöhnt.

Der Schutzschild uns'rer Erde ist gering
und brennend heiß der Sonne Strahlenring;
kein kühles Lüftchen unsren Tag verschönt.

Wo ist der Sommer?

Wenn schon die Morgensonne trüb sich zeigt,
wie soll der Mensch da froh den Tag beginnen?
So kalt der Sommer trostlos, wie von Sinnen,
der Blumen regenvoller Kopf sich neigt.

Ein schöner Tag, wenn hell die Sonn' aufsteigt,
wenn man beherztes Lachen kann gewinnen
und Wand'rer treffen so wie Wanderinnen,
die Gemse die auf Bergeshöhen steigt

Ist all das nur noch sehnlich Wunschbegehren?
Man kann sich Wetters Launen nicht erwehren,
doch ändern können wir das leider nicht.

Erinnerungen kann wohl keiner wehren,
von jenen heißen Sommertagen zehren,
bis irgendwann der Sommer zeigt sein Licht.

Es wird wärmer

(englisches Sonett)

Die Sonne scheint mir warm in mein Gesicht,
ersehnte Sonne, endlich bist du hier.
Die Muse küsst und ich schreib ein Gedicht,
es wärmt das Herz und auch die Seele mir.

Ganz zäh ist nur der Winter fortgeflossen,
die Kälte hatte noch zu viel an Kraft,
doch Frühlingsblüher treiben unverdrossen
und zeigen was schon zarte Sonne schafft.

Noch ist es frisch am Abend und am Morgen,
auf warme Kleidung ist noch kein Verzicht,
doch mittags fühl ich mich so wohl geborgen
im hellen warmen Strahl vom Sonnenlicht.

Und gibt es auch noch viele Tage Regen,
so nehme ich sie an als Gottes Segen.

Heide

Wie herrlich zeigt sich jedes Jahr die Heide
zur Sommerneige stolz in voller Blüte,
ich dank' dem Herrn für diese Schöpfungsgüte,
sie ist mir allzeit Herz und Augenweide.

Hier fühl ich Freiheit, nichts woran ich leide,
in linden Lüften find ich Gottes Güte,
auf dass der Mensch sich dieses Kleinod hüte
und er Zerstörung und das Chaos meide.

Der Erde Schönheit - eine Gottesgabe,
damit sich Mensch und Tier daran erlabe;
und diesen Wert kann sich ein Mensch nicht kaufen.

So frei wie Birken dort im lichten Tale,
wo Schwalben ziehen Kreise viele Male,
so will auch ich durch diese Heide laufen.

Halloween oder Die Nacht der Toten

Vergeh'n und Werden, Fest der alten Kelten,
ganz dünn nur wirkt des Jenseits grauer Schleier,
die Ahnen stehen auf zur Jahresfeier,
ein Mythenglaube, Kult der alten Welten.

Wo Gruselmasken nun die Toten schelten,
steigt Samhain auf, im Nebel als Befreier
von Dunkelheit. Am nächtlich schwarzen Weiher
auf Gräbern Lichter, die Verstorb'nen gelten.

Ein Fest, das viele tausend Jahr schon alt,
sein kultisch Erbe göttliche Gewalt,
ein Gott in dunkler, grauer Nacht ersteht.

Die Nacht vor Allerheiligen Gedenken,
wo Kinder nur an Süßes, Saures denken,
ein Keltenjahr, so kühl zu Ende geht.

Winterbeginn

So kalt geworden ist es letzte Nacht,
der Winter hat uns nun den Frost gebracht.
Ein weißer Vorhang macht den Himmel dicht,
ein zartes Flöckchen uns nun Schnee verspricht.

So schau, die hellen Pünktchen sammeln sich,
sie decken Felder, Wiesen winterlich.
Schon bald ist alles weiß, soweit man blickt.
So wurde uns der Winter doch geschickt.

Er deckt die Blumen zu, die allzu frühen,
die schon so freundlich fingen an zu blühen.
Die Flocken küssen zärtlich mein Gesicht.

Bewegend diese Stille, dieser Schnee,
doch der Verzicht auf Farben tut mir weh,
jedoch der Winter zeigt sich eher schlicht.

Winter 2010

Ein Winterchaos herrscht auf unsren Straßen;
der lange Frost und auch der viele Schnee
ist ungewohnt, die Kälte tut uns weh,
die Autos rutschen in den glatten Gassen.

Ich kann, was sich hier zeigt, noch gar nicht fassen,
nur Eis und weiße Pracht wohin ich seh'.
Nur Vorsicht, langsam, dass ich achtsam geh,
hab keinen Halt und niemand kann mich fassen.

So einen Winter gab's Jahrzehnte nicht;
was uns wohl weiße Weihnachten verspricht;
ein Wunsch, der sonst doch stets vergeblich war.

Es treibt mich selten vor des Hauses Tür,
solang ich Speis und Trank noch habe hier;
mein Vorrat reicht noch fast bis nächstes Jahr.

Lieber kuscheln

Dezember, du bist kalt und bringst den Schnee,
der Himmel dicht und Wolken milchverhangen,
des Eises Nadeln stechen in die Wangen,
die Straßen, Felder weiß, wohin ich seh.

Als ich noch Kind, tat Kälte mir nicht weh,
so gerne bin zum Rodeln ich gegangen,
wie schön wars, als wir quirlig-junge Rangen,
und heute schmerzt mit Rheuma jeder Zeh.

Nichts lockt mich recht vor meine Eingangstür,
nur Hunger, gar Termine, sind dafür,
ansonsten lob ich mir ein warmes Plätzchen.

Ich glaub so geht es wohl auch manchem Tier,
so vielen fehlt im Winter ein Quartier,
doch hinter'm Ofen nicht dem kleinen Kätzchen.

Weihnachtserwartung

Das warme Kerzenlicht am grünen Kranz
erhellt mit lieblich mildem Schein den Raum.
Es duften Zweige von dem Fichtenbaum,
und Lichterketten zeigen Brillianz.

Als einst dort in dem Stall im Sternenglanz
das Kind geboren ward, man glaubt es kaum,
die Nacht war mild und es geschah, kein Traum,
da kamen Hirten auch mit Lamm und Gans.

Der Heiland wurde Mensch in heil'ger Nacht,
hat Heil und Segen jedem mitgebracht;
voll Inbrunst denken wir an jene Zeit.

Mit guten Gaben, als Geschenk gedacht,
in Andacht dem, der Frieden hat entfacht,
und Herzen öffnen sich der Liebe weit.

Sinn der Weihnacht

Der Stern von Bethlehem stand überm Stall,
es kamen Könige sogar von fern
und Liebesgaben schenkten sie so gern.
Ein Hosianna klang mit frohem Schall.

Wie damals wünscht man Frieden überall
bei Tannenduft mit Licht und Weihnachtsstern.
Das Christfest ist der Liebe tiefer Kern,
ein Friedensfest rund um den Erdenball.

Doch wir, die Wärme, Licht und Frieden haben
und uns an guten Sachen köstlich laben,
wir sollten auch der Armen gern gedenken,

der Frierenden, die Hungersnöte plagen,
und dankbar sind schon für geringe Gaben;
es wäre gut sie milde zu beschenken.

Jahreswechsel

Wie schnell doch dieses Jahr vergangen ist.
Mir ist, als sei es gestern erst gewesen,
dass ich vom guten Rutsch erst hab gelesen.
Ich glaub das Jahr bemächtigt sich der List.

Ein Blick zurück, damit man nichts vergisst.
Ob gut, ob schlecht, es war nicht auserlesen,
wir kehrens aus mit dem Sylvesterbesen,
Ins Neue Jahr gehn wir als Optimist.

Wir hoffen es wird sicher besser sein,
es bringt uns Glück und reichlich Sonnenschein;
das Alte werden wir nicht lang vermissen.

So tauschen wir gern Altes gegen Neu,
auf dass das Herz sich immerzu erfreu;
erwartungsvoll woll'n wir die Fahnen hissen.

Der dreizehnte Mond und die Welt
(zum zweiten Vollmond im Dezember 2009)

Der blaue Mond, er brachte Frost ins Land.
Die Autodächer alle weiß bedeckt,
so scheint das neue Jahr noch unbefleckt,
in Freundschaft reichen wir uns gern die Hand.

Der Friedenswunsch hat weltweit schweren Stand
und manch einer hält Gier nach Macht versteckt.
Des Egos Herrschen bleibt nicht unentdeckt,
es drückt der Liebe Sehnen an die Wand.

So wird der blaue Mond, sonst Wunsch gewährend,
sich gram vor Schmerz denn wohl verzogen haben
und niemand sich an seiner Schönheit laben.

Die Welt erstickt im Chaos, das verheerend,
und trachtet dennoch nach besond'ren Gaben -
das kann der Sondermond nicht gut vertragen!

Loreley

Noch immer kämmt die Loreley ihr Haar,
ein Schiff versinkt mit Mannschaft und mit Maus,
die Bergung ist zu schwer, der Tod greift aus;
Legende zwar, doch birgt sie die Gefahr.

Des Rätsels Lösung macht sich leider rar,
Ermittler ziehen ihre Stirne kraus;
des Mythos Schatten eilt der Kund' voraus,
die Schiffer, sie ertrinken; das ist wahr.

So viele haben diesen Blick bereut,
die Schönheit blendet so wie einst auch heut'
und lässt den Jüngling in die Hölle gehen.

Drum seid, Matrosen, achtsam und genau,
die Loreley stellt sich im Glanz zur Schau
und Männer sterben, die gebannt sie sehen.

Sinnsuche

Die alte Buddha Statue am Fluss,
es zierte ihre Stirn einst ein Rubin,
 denn in der Buddha Stirn liegt Wahrheit drin,
für den, der, der Erleuchtung folgen muss.

Verloren der Rubin das bringt Verdruss,
das dritte Auge tot, wo liegt der Sinn?
Das Weisheitsboot zieht auf dem Fluss dahin,
 weil Leere dem Vergessen folgen muss.

Wie wohl der Fluss, was man ihm gibt, entsorgt,
Gedanken die man anderswo geborgt,
so lebt der Mensch im Strudel der Gezeiten.

Drum tauche tief ins frische, klare Wasser
und find den Stein am Grund, er ist nicht blasser
dann schwebe auf in der Erkenntnis Weiten.

Ein Lebenskreis

Sonettenkranz

1.

Sie ist schon lange her, die schöne Zeit,
als wir noch voll Elan und herrlich jung
das Tagwerk schafften mit viel frischem Schwung,
zu neuen Taten allezeit bereit.

Noch lückenhaft war unser Wissenskleid,
uns fehlte noch so vieles an Erfahrung;
die Lieb' war wundervolle Offenbarung,
und zum Genießen ließen wir uns Zeit.

Als unser Sein uns leicht und schwerelos
ins Schwärmen sinken ließ, fast bodenlos,
vom Glück berauscht, war es des Lebens Krönung.

Die Götter waren jederzeit uns hold,
die junge Kraft, die Anmut, schön wie Gold,
als wir noch jung und voll Begeisterung

2

Als wir noch jung und voll Begeisterung
verliebt,verlobt, auf sanften Wolken schwebten,
oft nur von Liebe, Luft und Küssen lebten,
da nährte uns des Partners Huldigung.

Der Seligkeit entwuchs mehr Steigerung,
so dass wir stetig neue Träume webten,
inwendig voller Lebenslust erbebten
und dachten nicht, dass wir nicht ewig jung.

Sie war so schön, die junge Jubelzeit.
Im Glauben, dass sie blieb in Ewigkeit,
galt jeder Tag uns als Bereicherung.

Bald bauten wir uns ein Familiennest
und waren Mann und Frau beim Hochzeitsfest;
wir tanzten voller Leichtigkeit und Schwung.

3.
Wir tanzten voller Leichtigkeit und Schwung,
 im Rhythmus wiegen, war uns Grand Pläsier;
in reiner Harmonie im Jetzt und Hier
begann für uns die neue Wanderung.

Ein neuer Abschnitt kam jetzt in Bewegung,
als froher Lebenstanz nun neben dir,
und denk ich dran, bin ich voll Dank dafür,
dem Glück vertrauen, war ein leichter Sprung.

Wir fühlten uns wie prickelnd Sekt im Glas,
das wonnevolle Dasein machte Spaß,
war uns Garant für unsre Heiterkeit.

Oft schwebten wir noch leicht auf dem Parkett,
ich fühlte mich, als wär ich beim Ballett,
so elegant im langen Abendkleid.

4.

So elegant im langen Abendkleid
war'n alle Tage uns nicht gleich beschieden,
wir haben auch den Alltag nicht gemieden,
denn alles Tun hat seine eigne Zeit.

Wir waren jung, zum Lernen stets bereit,
begeistert konnten wir auch Pläne schmieden;
doch wie es war, wir waren stets zufrieden
und hofften, dass es blieb in Ewigkeit.

In unsrer Freizeit gab es viele Feste
und Lebenslust war uns das Allerbeste;
wir waren frei, auch in der Zweisamkeit.

Das höfliche Benehmen galt noch viel
und somit gingen zum erstrebten Ziel
galant die Herren zu der Damen Seit'.

5.

Galant die Herren zu der Damen Seit',
gemeinsam sind mit frischen roten Wangen
und voller Stolz zum Tanze wir gegangen,
nicht eine einz'ge Stunde tat uns leid.

Im Arm gehalten voller Einigkeit;
es ging ins Blut, wenn Lieder froh erklangen,
da fiel es leicht, ein Lächeln einzufangen,
wir liebten freundliche Geselligkeit.

Wir kosteten, was uns das Leben bot,
riskierten vieles, kannten keine Not,
die Lebensfreude war uns stets Erbauung.

Auf manche Stunde Schlaf wurde verzichtet,
wir fühlten uns der Heiterkeit verpflichtet;
heim ging es erst zur Morgendämmerung.

6.

Heim ging es erst zur Morgendämmerung;
Romantikstunden, bis der Mond entweicht,
und zarte Küsse, die so süß und leicht;
der sanfte Nachtwind war uns gern Begleitung.

Das Temp'rament gehörte zur Entfaltung,
vom Glück gekrönt, weil nichts der Liebe gleicht,
die grenzenlos zum Wolkenschloß hinreicht,
und Freude hielt den Schritt in gleicher Richtung.

Auch heute noch blick gerne ich zurück,
zu herrlich war das junge Lebensglück
im immergrünen Kleid und voller Hoffnung.

Den Rückblick fass ich gern in Poesie
und tief im Herzen tränt Melancholie
voll Seligkeit, wir waren ja so jung.

7.

Voll Seligkeit, wir waren ja so jung,
so reiften wir heran als Mann und Frau,
der Himmel war nicht immer klar und blau
und hart war manchmal die Ernüchterung.

So ist sie wohl, die menschliche Entwicklung,
mal froh und heiter und mal trist und grau;
erst durch die Schattenseiten wird man schlau,
so lernen wir die richtige Bewertung.

Doch dachten wir noch lange nicht an Morgen
und machten uns auch keine großen Sorgen
um unsre eigne Selbstzufriedenheit.

Im Jetzt zu sein, das war erstrebtes Ziel
und unbeschwertes Lachen, laut und viel,
was später wird, das lag ja, ach, so weit.

8.

Was später wird, das lag ja, ach, so weit;
wir glaubten oft, die Zeit blieb für uns steh'n,
so schwungvoll könnt es immer weiter geh'n;
wir waren bald zum Nestbau auch bereit.

Es kam für uns die junge Elternzeit,
nun konnte man uns nur zu dritt noch seh'n,
die Welt begann sich um das Kind zu drehn,
vorbei war leider unsre Ausgehzeit.

Wir hielten nun ein neues Glück im Arm,
so süß war dieser kleine Babycharme:
Für solch ein Glück, da muss man alles geben.

Wir haben auch zukünftig viel gelacht,
die Zeit hat reifer, stärker uns gemacht,
doch viel zu schnell verging das junge Leben.

9.

Doch viel zu schnell verging das junge Leben,
der Zug fuhr rastlos, hielt den Fahrplan ein,
nicht eine Stunde Stillstand durfte sein
und es war gut, wir wollten vorwärts streben.

Wir haben uns dem Lichte hingegeben
und fingen gern die Sonnenstrahlen ein,
die kostbar sind wie ein Champagnerwein
vom auserles'nen Stock der besten Reben.

Doch wurd' nicht immer uns das Glück geschenkt,
oft hat das Schicksal anders uns gelenkt,
denn sorglos kann wohl nur ein Vogel schweben.

Nach Sonnenschein folgt auch mal Sturm und Regen,
wie ein Gewitter, wenn die Blitze fegen,
und mancher Wunsch ging hoffnungslos daneben.

10.

Und mancher Wunsch ging hoffnungslos daneben,
den wir wohl allzu gern erfüllt gesehen;
es musste sein, sonst wär's ja nicht geschehen;
die Nornen stets an uns'ren Fäden weben.

 So wächst es weiter, das Familienleben,
nur vorwärts kann das Schicksalsrad sich drehen,
denn wo ein Licht, kann man auch Schatten sehen
und hin und wieder tobt auch mal ein Beben.

Das Lebensbuch ist gut gefüllt mit Wissen
und nichts von all dem möchte ich vermissen,
nicht einen Tag und keine einz'ge Nacht.

Heut sind wir alt und unsre Kraft dahin,
so wie wir lebten, machte es schon Sinn;
wir träumen rückwärts, was einst Glück gebracht.

11.
Wir träumen rückwärts, was einst Glück gebracht,
erinnern uns an impulsive Stunden;
wir haben all das einfach überwunden
und kam's mal anders, haben wir gelacht.

Das Lebensfeuer täglich neu entfacht,
so kamen wir voll Kraft in neue Runden;
wir wollten immer Heiterkeit bekunden,
wie glücklich haben wir uns stets gemacht.

Die Liebe und die Lust an schönen Dingen
und miteinander auch mal fröhlich singen;
die Harmonie, sie war uns auserlesen.

Wir mussten nie das Glück zum Einzug zwingen,
es war schon da, wenn wir uns lieb umfingen;
wir zehren lang von dem, was einst gewesen.

12.

Wir zehren lang von dem, was einst gewesen,
und klingt es manchmal auch wie ein Roman,
wie man es sieht, nur darauf kommt es an;
noch heut' erhalten wir daraus die Spesen.

Die jungen Jahre schienen auserlesen,
die wir gelebt als Frau sowie als Mann
und unsre Elternschaft von Anfang an,
wir war'n so glücklich mit den kleinen Wesen.

Doch plötzlich war, kaum dass wir es empfunden,
die Zeit uns still und unbemerkt entschwunden;
nun gelten für uns ruhigere Thesen.

Für jeden Zyklus gibt es eine Zeit
und schön war das, was nun Vergangenheit,
gar manches ist im Tagebuch zu lesen.

13.
Gar manches ist im Tagebuch zu lesen,
der Zahn der Jahre nagt schon am Geäst
und Nachwuchs flog schon lange aus dem Nest;
die Jugendzeit war jedem auserlesen.

Der Rückblick wärmt mein Herz mit guten Spesen,
macht melancholisch, wenn man mich nur lässt,
so weit zurück liegt schon das letzte Fest,
doch schön ist es, dass alles so gewesen.

Was einmal war, das nimmt mir keiner mehr,
im Lebensbuch sind kaum noch Seiten leer,
und naht der Abschied, geh ich fort, ganz sacht.

Die Jugendzeit, sie kommt nie wieder her,
denk ich an sie, erfreut's mich immer mehr,
Erinnerung an manch durchtanzte Nacht.

14.
Erinnerung an manch durchtanzte Nacht,
und haben wir auch mal auf Schlaf verzichtet,
die Fröhlichkeit hat uns stets aufgerichtet
und über Sorgen wurd' nicht nachgedacht.

Romantik hat in sternenklarer Nacht,
in uns verliebte Verse sanft gedichtet,
und Arm in Arm hat uns der Mond gesichtet,
mir schien, als hätt' er gönnerhaft gelacht.

Die Jugendzeit kennt keine Wiederkehr
Was schon gelebt ist, leben wir nicht mehr,
doch alles ist gewebt im Seelenkleid.

Will dankbar sein, war manche Zeit auch schwer,
an alte Zeiten denk ich immer mehr.
Sie ist schon lange her, die schöne Zeit.

15.
Sie ist schon lange her, die schöne Zeit,
als wir noch jung und voll Begeisterung;
wir tanzten voller Leichtigkeit und Schwung
so elegant im langen Abendkleid.

Galant die Herren zu der Damen Seit',
heim ging es erst zur Morgendämmerung
voll Seligkeit, wir waren ja so jung;
was später wird, das lag ja, ach, so weit.

Doch viel zu schnell verging das junge Leben
und mancher Wunsch ging hoffnungslos daneben;
wir träumen rückwärts, was einst Glück gebracht.

Wir zehren lang, von dem was einst gewesen,
gar manches ist im Tagebuch zu lesen,
Erinnerung an manch durchtanzte Nacht.

Inhaltsverzeichnis

Rita Keller

1941 geboren und wohnhaft in Gelsenkirchen.
Verheiratet, Mutter von zwei Söhnen; vier Enkel.
Zwei Einzelbände, „Kinder-Augenblicke", und
Höllentanz" ein Buch zum durchlebten Krebs.
Mitautorin von verschiedenen Anthologien und
Literaturzeitschriften; Begründerin des Internet
Autorenforums. Herausgeberin der "Rosenzeit"
Anthologie" und des Limerickbüchleins *Ganz schön
frivol* in der Edition *Zaubergarten*.